Berücksichtigt neue Rechtschreibregeln

Virginia Miller

Sei lieb!

Deutsch von Rolf Inhauser

First published by Walker Books Ltd., London

Printed in Italy

ISBN 3-7941-4197-0
Bestellnummer 01 04197

Die Deutsche Bibliothek – CIP-Einheitsaufnahme

Miller, Virginia:
Sei lieb! / Virginia Miller. Dt. von Rolf Inhauser. –
Aarau ; Frankfurt am Main ; Salzburg : Sauerländer, 1998
ISBN 3-7941-4197-0

Virginia Miller

SEI LIEB!

Deutsch von Rolf Inhauser

Verlag Sauerländer
Aarau · Frankfurt am Main · Salzburg

Eines Tages bekam Baba von Vater Bär
ein kleines, schwarzes Kätzchen.
«Du musst dich um das Kätzchen kümmern», sagte er.
«Ich helf dir dabei. Und sei vorsichtig,
es ist noch ganz klein.»

Baba streichelte das kleine, schwarze Kätzchen,
nahm es hoch und drückte es an sich.

«Sei lieb!», sagte Vater Bär. «Du erdrückst es ja!»
«Nee!», sagte Baba und ging raus.

Er schaukelte das kleine, schwarze Kätzchen ...

fuhr es in seinem roten Wagen herum…

und bereitete ihm eine Überraschung

mit dem Gartenschlauch.

«Tu das nicht!», sagte Vater Bär.
«Sei lieb zu ihm. Es ist noch so klein.»
«Nee», sagte Baba.

Baba ging rein und trommelte ein bisschen,

um das Kätzchen etwas aufzuheitern.

«SEI LIEB!»,

sagte Vater Bär sehr laut.
Baba ließ das Kätzchen fallen.

«Es ist doch noch so klein, Baba», sagte Vater Bär.
«Der fürchterliche Lärm, den du machst,
hat es erschreckt.
Jetzt ist es weggelaufen!»

Vater Bär und Baba suchten und suchten,

aber sie konnten das Kätzchen nirgends finden.

Baba war traurig, und es tat ihm leid.

Er verkroch sich in sein geheimes Versteck, und da …

fand er

das kleine, schwarze Kätzchen.

Das Kätzchen sprang auf Babas Schoß.
Und Baba war so lieb zu ihm,
dass das Kätzchen zufrieden schnurrte.